DE LA
CONDITION DES OBJETS MOBILIERS

FAISANT PARTIE DES

COLLECTIONS

DES

BIBLIOTHÈQUES PUBLIQUES

ET DE LA POURSUITE DE CES OBJETS
CONTRE LES TIERS DÉTENTEURS

PAR

GUSTAVE MAINOT

GREFFIER EN CHEF DU TRIBUNAL DE POLICE DE PARIS

***

PARIS

DE SOYE ET FILS

18, RUE DES FOSSÉS-SAINT-JACQUES, 18

1896

DES COLLECTIONS

DES

BIBLIOTHÈQUES PUBLIQUES

DE LA

CONDITION DES OBJETS MOBILIERS

FAISANT PARTIE DES

COLLECTIONS

DES

BIBLIOTHÈQUES PUBLIQUES

ET DE LA POURSUITE DE CES OBJETS
CONTRE LES TIERS DÉTENTEURS

PAR

GUSTAVE MAINOT

GREFFIER EN CHEF DU TRIBUNAL DE POLICE DE PARIS

PARIS

DE SOYE ET FILS

18, RUE DES FOSSÉS-SAINT-JACQUES, 18

—

1896

Sous la date du 17 juin 1896, la Cour de cassation a rendu un arrêt intéressant au plus haut point tous ceux qui se préoccupent de l'intégrité et de l'avenir de nos collections publiques. Il renforce et consacre, d'une manière irrévocable, une longue jurisprudence en vertu de laquelle les objets mobiliers, faisant partie des collections publiques et, par conséquent, du domaine public, sont frappés d'inaliénabilité et d'imprescriptibilité.

Les conséquences de cet arrêt sont d'une telle importance qu'il s'agit de les soigneusement déterminer. On ne saurait non plus rien négliger pour les porter à la connaissance de ceux qui ont la garde de la partie la plus précieuse de notre patrimoine intellectuel et de ceux qui le mettent à profit.

L'arrêt de cassation du 17 juin 1896 concerne un document conservé dans une bibliothèque publique.

Nous n'étudierons à son propos que la condition des objets mobiliers faisant partie des collections des bibliothèques publiques, laissant de côté, avec intention, les musées et la loi du 30 mars 1887 qui, dit l'arrêt précité, « ne s'est point occupée des bibliothèques et se trouve sans application dans la cause ».

Avant d'aller plus loin, il est indispensable de bien connaître la nature des établissements auxquels on applique la dénomination de bibliothèques publiques.

Il y a des bibliothèques publiques de différentes catégories; mais nous ne retiendrons ici que les bibliothèques publiques nationales et les bibliothèques publiques municipales, comme étant celles où peuvent se produire des faits tombant sous l'application des principes invoqués dans l'arrêt du 17 juin 1896.

Les bibliothèques nationales, où le public a libre accès, sont : la Bibliothèque Nationale, la Bibliothèque Sainte-Geneviève, la Bibliothèque de l'Arsenal, la Bibliothèque Mazarine, la Bibliothèque de l'Opéra et la Bibliothèque nationale d'Alger.

Il existe d'autres bibliothèques nationales; mais elles ne sont pas publiques. Telles sont la bibliothèque de l'école Polytechnique, du ministère des Affaires Étrangères, du Théâtre-Français, du Conservatoire des arts et métiers, etc.

Les bibliothèques publiques nationales sont des établissements dont les fonctionnaires sont nommés par l'Etat, dont le budget est voté par les Chambres, et dont les collections achetées avec les fonds de l'État, ou provenant de dons et legs, font partie du domaine public de l'État.

Les bibliothèques municipales sont des établissements dont les fonctionnaires sont nommés par les municipalités, dont le budget est voté par les Conseils municipaux, et dont les collections, ayant des provenances diverses, appartiennent à des propriétaires différents. Les collections municipales ont pour origine : a, les dépôts faits par l'Etat à l'époque de la Révolution en vertu du décret du 8 pluviôse an XI, par lequel « les bibliothèques des écoles centrales sont mises à la disposition et sous la surveillance des municipalités »; b, les documents déposés, depuis l'an XI, par l'État en vertu de décisions ministérielles; c, les documents achetés avec les deniers des villes; d, les documents acquis par voie de dons et legs. Les objets compris dans les catégories a et b sont restés la propriété de l'État, qui les désaffecte comme il l'entend; ceux qui sont compris dans les catégories c et d sont la propriété des villes; mais l'État possède, en vue d'assurer leur entretien et leur conservation, un droit d'inspection et de tutelle.

Le domaine public national et le domaine public municipal comprennent des immeubles et des objets mobiliers. Parmi ceux-ci rentrent, à tous les titres, les collections quelconques conservées dans les bibliothèques publiques et affectées à l'usage du public. Comme conséquence, les livres imprimés, les manuscrits, les estampes, les monnaies et médailles, etc., sont frappés d'inaliénabilité et d'imprescriptibilité.

Sous l'ancien régime, la condition du domaine

public de l'État avait été réglée à partir de l'ordonnance de Moulins, du 1er février 1566.

Mais les biens des communes n'étaient pas inaliénables comme ceux de la Couronne, de telle sorte que, quand le décret des 22 novembre-1er décembre 1790, rendu sous l'impulsion de l'esprit public en ce qui concernait les biens de mainmorte, supprima le principe d'inaliénabilité et d'imprescriptibilité pour le domaine de la Nation, il n'eut pas à édicter la même mesure pour le domaine communal.

La distinction entre le domaine public et le domaine privé, soit de l'État, soit des communes, n'était, d'ailleurs, alors pas nettement établie, à ce point qu'on voit l'article 2 du décret sus-indiqué de 1790 mettre les « chemins, rues et places des villes », d'une manière pure et simple, dans le domaine de la Nation.

Ce sont les lois nouvelles qui ont consacré la distinction entre le domaine public et le domaine privé, et c'est sur l'article 2226 du Code civil que repose, pour les communes comme pour l'État, le principe de l'imprescriptibilité et de l'inaliénabilité du domaine public.

Il serait superflu d'entrer ici dans une discussion des moyens de protection que les collections des bibliothèques publiques trouvent dans la loi.

Contentons-nous de renvoyer à cet égard aux articles 538 et 2226 du Code civil, aux auteurs les plus compétents sur la matière : Aubry et Rau, Aucoc, Dalloz, Demolombe, etc.

Le système que nous avons développé est en outre consacré par la jurisprudence.

En effet, reportons-nous à un arrêt de la Cour de Paris, du 3 janvier 1846, qui est le premier de l'espèce. Nous croyons devoir relater entièrement le dispositif de cet arrêt.

« Considérant en principe que les ouvrages, manuscrits, plans, autographes et autres objets précieux faisant partie de la Bibliothèque Royale sont inaliénables et imprescriptibles comme appartenant au domaine public; considérant en fait qu'il est établi que l'autographe de Molière appartenait en 1823 à la Bibliothèque Royale; que l'ouvrage publié en 1825 par Taschereau sur la vie et les ouvrages de Molière constate qu'à cette dernière époque l'autographe dont il s'agit était encore en la possession de la Bibliothèque; qu'ainsi la vente qui a été faite par un tiers de cet autographe à Charron est essentiellement nulle, et qu'il n'est pas recevable à exciper de sa bonne foi; considérant, d'ailleurs, que la nature même de la pièce, revêtue de la signature de Molière, et sa transcription dans l'ouvrage de Taschereau avec l'indication de son dépôt à la Bibliothèque du Roi démontraient suffisamment que la possession de cette pièce n'était pas légitime; infirme au principal;

« Déclare la Bibliothèque Royale seule et véritable propriétaire de l'autographe dont il s'agit; en conséquence, et attendu que cette pièce, appartenant à un dépôt public, doit y être immédiatement rétablie;

« Ordonne, que ladite pièce, sera, à l'instant même, remise entre les mains du greffier, pour être, sur le vu de l'arrêt, rétablie à la Bibliothèque Royale sur le récépissé de son Directeur. »

Dans une seconde espèce, c'est encore la Cour de Paris qui, à la date du 18 août 1851, a rendu un arrêt dans le dispositif duquel nous relevons des considérants indiquant que le tiers détenteur, même de bonne foi, ne peut conserver les objets ayant appartenu à la Bibliothèque Nationale. On lit dans ledit arrêt :

« Considérant, en droit, que celui qui a perdu, ou auquel il a été volé une chose, peut la revendiquer contre celui entre les mains duquel il la trouve, quelque incontestable que soit la bonne foi de celui-ci ;

« Considérant que le demandeur, en pareil cas, n'est pas dans l'obligation de produire une preuve littérale des faits sur lesquels il fonde sa demande, puisqu'il ne lui a pas été possible de se la procurer ;

« Qu'il est donc constant qu'aux termes des articles 1348 et 1353 du Code civil, il a le droit d'invoquer, pour justifier ses assertions, des présomptions graves, précises et concordantes ;

. . . .

« Considérant qu'en cet état, il demeure démontré qu'il y a au procès présomptions graves, précises et concordantes que l'autographe de Montaigne, possédé par Feuillet, a appartenu à la Bibliothèque Nationale, du domaine de laquelle il n'a pu sortir que par une soustraction, et qu'il doit dès lors être restitué à cet établissement public, quoiqu'il soit manifeste, au plus haut degré, que Feuillet a complètement et constamment ignoré les vices de sa possession, qu'il a possédé publiquement avec une entière bonne foi l'autographe revendiqué, quoique cette bonne foi ressorte notamment des offres de restitution qu'il a faites avant toute contestations, en 1837 eten 1850, ce qui aurait dû mettre obstacle aux attaques dirigées contre sa loyauté dans les écritures produites aux débats;

« Au principal, ordonne que Feuillet sera tenu de remettre immédiatement à Naudet ès noms la lettre autographe de Montaigne énoncée dans sa demande, sinon et faute de ce faire par Feuillet dans ledit délai et y celui passé, le condamne à payer au dit Naudet ès noms la somme de 10 000 francs. »

La troisième espèce a été jugée par la Cour de Lyon, à la date du 10 juillet 1894.

Cet arrêt nous parait devoir être reproduit; mais, pour l'historique des faits, il est intéressant de relater un jugement du tribunal de Mâcon, du 18 juin 1890, et de mentionner un arrêt de la Cour de Dijon en date du 5 février 1891, ainsi qu'un jugement du tribunal de Lyon du 21 janvier 1893.

« Le jugement de Mâcon est conçu comme il suit :

« Attendu qu'il résulte des documents de la cause que, dans le courant de l'année 1835, un manuscrit d'une réelle valeur, *la Cité de Dieu de Saint Augustin*, traduite par Raoul de Prailles, formant deux volumes in-folio, a été acquis pour la bibliothèque publique de la ville de Mâcon; qu'il est établi que ce manuscrit est entré à cette bibliothèque le 10 octobre 1835, et qu'il figure « comme étant très précieux » dans le catalogue de ladite bibliothèque imprimé en cette même année 1835; que l'état dans lequel se trouvait ce

manuscrit plusieurs années après cette inscription au catalogue résulte manifestement de la
description qui en est faite dans un article inti-
tulé *Lettre archéologique* paru dans l'*Album historique et pittoresque du département de Saône-
et-Loire*, ouvrage imprimé de 1840 à 1843, où,
sous la signature C.-H. Maillard de Chambure,
inspecteur des monuments historiques au ministère de l'Intérieur, on lit, au sujet de *la Cité de
Dieu*, le passage suivant : « Ce manuscrit peut
« être cité comme un chef-d'œuvre de la peinture
« du quatorzième siècle. Il est enrichi, avec pro-
« fusion, d'initiales et de capitales rehaussées
« d'or bruni et mat, peintes et historiées avec
« une délicatesse et une recherche remarquables.
« Il renferme, en outre, un nombre considérable
« de grandes miniatures qui ne sont pas moins
« précieuses par la beauté des peintures que par
« leur conservation. Chaque livre de l'ouvrage
« est précédé d'une miniature à pleine page,
« où le talent de l'artiste semble avoir épuisé
« toutes ses ressources. Ce manuscrit, dont la
« richesse contraste avec l'exiguïté du dépôt
« qui le possède, a été l'objet de la convoitise
« des plus savants étrangers. Des sommes con-
« sidérables ont été offertes à la ville de Mâcon
« pour qu'elle consentît à le vendre ; elle a eu
« le bon esprit de les refuser ; »

« Attendu qu'il est incontestable que le manuscrit qui faisait ainsi l'admiration de l'inspecteur des monuments historiques était alors
intact ;

« Attendu que, depuis qu'il est porté au catalogue de la bibliothèque, mais à une époque

que l'on n'a pu préciser, une mutilation de ce
manuscrit a été commise par un individu resté
inconnu, mutilation qui a eu indubitablement
pour objet une soustraction frauduleuse au pré-
judice de la ville de Mâcon; qu'en effet, un certain nombre des « miniatures à pleine page »,
mentionnées par M. de Chambure, ont disparu
après avoir été coupées dans le manuscrit; que
la façon même dont ces miniatures ont été coupées dénote, dans l'exécution de cette mutilation du manuscrit, une précipitation qui ne peut
qu'être le fait d'un malfaiteur, craignant d'être
surpris dans la perpétration de l'action;

« Attendu que trois de ces mêmes miniatures,
ainsi subrepticement enlevées et constituant les
feuillets 7e, 34e, et 211e du tome Ier, parvinrent,
en raison de son commerce, entre les mains du
sieur Bonnin, marchand d'antiquités à Mâcon;
que, dans le courant de l'année 1889, ces trois
miniatures se trouvaient de la sorte en possession dudit Bonnin, quand le maire de Mâcon eut
connaissance de ce fait; qu'il est constant que
c'est alors que l'administration municipale avait
commencé à se mettre en rapport avec lui à l'oc-
casion de ces mêmes miniatures que Bonnin
s'empressa d'aller les offrir à la ville de Lyon;

« Attendu que le maire de Mâcon apprit bientôt
que ces miniatures avaient été vendues par le
défendeur à la ville de Lyon, moyennant le
prix de 2,700 francs, qu'elles étaient au musée
archéologique de cette ville, mais que le prix
n'en avait pas encore été payé;

« Attendu que ce fut dans ces conditions que,
après avoir, tout d'abord, le 6 juillet 1889, pratiqué

une simple opposition, le maire de Mâcon, à la date du 22 octobre suivant, fit procéder à la saisie-arrêt, dont la demande en validité est l'objet de la présente instance ; que le demandeur conclut, en outre, à ce que ces trois miniatures soient reconnues comme étant la propriété de la ville de Mâcon ;

« Attendu qu'il résulte des dispositions des articles 538, 1128, 1598 et 2226 du Code civil que les choses qui font partie du domaine public sont, de leur nature, inaliénables et imprescriptibles ;

« Attendu que, dans toute son étendue, le domaine public, qui se divise en domaine public, national, départemental et communal, est régi par les mêmes principes ;

« Attendu que le domaine public communal comprend notamment les bâtiments destinés à un service communal, tels que les bibliothèques et les musées communaux avec les objets qui en dépendent; que, par suite, les livres et les manuscrits faisant partie d'une bibliothèque communale sont, à ce titre, inaliénables et imprescriptibles ;

« Attendu qu'il n'y a pas en l'espèce argument à tirer de ce que Bonnin aurait acquis de bonne foi les miniatures dont s'agit; qu'il n'y aurait pas à arguer davantage en sa faveur, de ce que ces trois miniatures litigieuses ne porteraient aucune estampille ni marque propre à faire reconnaître qu'elles provenaient de la bibliothèque de Mâcon; que si l'on observe : 1° que le manuscrit d'où elles ont été détachées appartient à la ville de Mâcon; 2° que ce manuscrit figure au catalogue de la bibliothèque dès l'année 1835; 3° que la ville de Mâcon, par des présomptions graves, précises et concordantes, établit que ce même manuscrit était intact quand il est entré dans ses collections, et que ce ne peut être que par un vol qu'un inconnu se les est appropriées, ces diverses circonstances sont de nature à faire décider, alors même que le vol remonterait à plus de trente ans, qu'aucun des détenteurs de ces trois miniatures ne pourrait exciper de sa bonne foi pour repousser la réclamation de la ville de Mâcon;

« Attendu que, par suite, c'est avec raison que la ville de Mâcon a soutenu que l'article 2279 est inapplicable en la cause;

« Attendu, il est vrai, que, dans son article 8, la loi du 3 mars 1887 décide qu'il sera fait, par les soins du ministre de l'instruction publique et des beaux-arts, un classement des objets mobiliers appartenant à l'Etat, aux départements aux communes, aux fabriques et autres établissements publics, dont la conservation présente, au point de vue de l'histoire ou de l'art, un intérêt national; qu'il résulte des termes de l'article 11 que les objets classés appartenant aux communes ne pourront être restaurés, réparés, ni aliénés par vente, don ou échange, qu'avec l'autorisation du ministre de l'Instruction publique et des Beaux-Arts; qu'enfin il est dit au deuxième paragraphe de l'article 13 que les objets classés qui auraient été aliénés irrégulièrement, perdus ou volés, pourront être revendiqués pendant trois ans, conformément aux dispositions des articles 2279 et 2280 du Code civil;

« Mais attendu que des dispositions de la loi du 30 mars 1887, Bonnin ne saurait sérieusement tirer aucun argument favorable à sa cause; qu'en effet, si l'on considère que la loi de 1887 a eu pour but d'empêcher, dans un intérêt élevé et national, la destruction des monuments anciens et leur appropriation aux besoins et aux goûts de la génération présente; si, comme l'a exposé le rapporteur de cette loi devant le Sénat, l'on observe que le vrai caractère de cette loi, vis-à-vis des monuments classés, est la limitation de la propriété par l'établissement d'une restriction, d'une sorte de servitude d'utilité publique, on ne saurait soutenir qu'elle a eu pour conséquence, comme le voudrait faire admettre le défenseur au procès, d'enlever aux bibliothèques et aux musées, ainsi qu'à leurs trésors, le caractère d'inaliénabilité et d'imprescriptibilité qui leur appartient par le fait d'être compris dans le domaine public ;

« Que c'est donc avec raison que la ville de Mâcon soutient qu'en ce qui concerne les objets mobiliers, dont il est question au chapitre II de la loi du 30 mars 1887, le législateur a seulement voulu assurer la conservatien de certaines œuvres historiques ou artistiques, qui jusqu'alors n'avaient été ni cataloguées ni réunies dans les dépôts publics, et qu'il n'a pu entrer dans son esprit de vouloir soumettre aux formalités du classement, prescrites par le décret du 3 janvier 1889 portant règlement d'administration publique, la quantité d'objets d'art ou d'archéologie, de manuscrits ou d'ouvrages précieux qui enrichissent nos musées et nos bibliothèques, et qui, en raison de ce qu'ils

font partie de ces dépôts publics, se trouvent
déjà par là même sauvegardés ; qu'en admettant le raisonnement de Bonnin, on se deman-
derait, en vain, comment, dans les travaux préparatoires, on a pu dire de la loi de 1887, qu'elle
était par certains points une loi d'exception,
alors que si on devait l'appliquer aux musées et
aux bibliothèques compris dans le domaine
public communal, il faudrait constater que, loin
de protéger les objets mobiliers historiques et
artistiques faisant partie desdits musées et
bibliothèques, elle aurait au contraire laissé
mettre au pillage les plus riches de ces collections publiques, en réduisant à trois années le
droit de revendiquer ceux des objets de ces
mêmes collections qui auraient été volés ; qu'évi-
demment, ce n'est pas quand l'ordonnance du
22 février 1839, que personne ne saurait consi-
dérer comme abrogée ou comme tombée en
désuetude, est allée jusqu'à décider non seulement que toute aliénation, par les villes, des
livres, manuscrits, chartes, diplômes, médailles
contenues en leurs bibliothèques, était et demeu-
rait interdite, mais encore que les échanges ne
peuvent avoir lieu que sous l'autorité des maires
avec l'approbation du ministre ; que l'on pourrait
prétendre que le législateur de 1887 a entendu
décider que désormais ; après un court délai,
toute action des communes, relativement aux
soustractions frauduleuses commises à leur pré-
judice dans leurs bibliothèques publiques, ces-
serait d'être efficace, que le titre seul sous lequel
la loi du 30 mars 1887 a été adoptée et promul-
guée, se refuse à une telle interprétation ;

« Attendu, en admettant, par impossible, que la loi de 1887 dût s'appliquer même aux objets déjà inventoriés et réunis dans des bibliothèques ou des musées compris dans le domaine public; qu'il y aurait lieu en l'espèce de repousser les prétentions de Bonnin; qu'en effet, cette loi n'ayant pas d'effet rétroactif, la prescription ne pourrait courir que du 30 mars 1887; que la ville de Mâcon, ayant commencé son instance contre Bonnin en octobre 1889, la prescription ne serait pas donc acquise au défendeur; »

Suivent ici divers considérants étrangers à la question qui nous intéresse.

« Par ces motifs,
« Le tribunal, jugeant en matière sommaire et en premier ressort, sous réserve de tel règlement qu'il appartiendra entre les tiers saisis et la partie saisissante, déclare recevable et régulière en la forme la saisie du 22 octobre 1889, au fond la valide, dit que les trois miniatures litigieuses font partie du domaine public communal de la ville de Mâcon, que, par suite, elles sont à ce titre inaliénables et imprescriptibles.

. . . . »

La Cour de Dijon a réformé le jugement du tribunal de Mâcon par un arrêt du 5 février 1891. Elle ne s'est pas occupée des considérants que nous avons reproduits, mais elle a modifié la décision du tribunal simplement parce que, dès avant le commencement de la procédure, Bonnin avait revendu à la ville de Lyon les objets litigieux et s'en était matériellement dessaisi, que la ville de Lyon les détenait, non à titre de dépôt pour le compte de Bonnin, mais comme propriétaire pour son propre compte.

Le tribunal de Lyon, par jugement en date du 21 janvier 1893, a décidé, contrairement à celui de Mâcon, que, lorsque des miniatures détachées d'un manuscrit ont été soustraites dans la bibliothèque d'une ville, l'action en revendication appartenant à la ville contre l'acquéreur de ces miniatures se prescrivait par trois ans, si cet acquéreur est de bonne foi. Il a décidé, en outre, que la loi du 30 mars 1887 pouvait s'appliquer, sans rétroactivité, aux détournements antérieurs à sa promulgation, parce qu'elle avait le caractère d'une loi interprétative modifiant la jurisprudence et non pas un texte de loi antérieur.

Mais ce jugement a été réformé par l'arrêt de la Cour de Lyon, du 10 juillet 1894, dont nous avons parlé plus haut et qui est ainsi conçu :

« Considérant que Bonnin a vendu à la ville de Lyon des miniatures détachées d'un manuscrit faisant partie de la bibliothèque municipale de la ville de Mâcon;

« Que, sur l'instance en paiement par lui intentée à la ville de Lyon, la ville de Mâcon est intervenue pour se faire reconnaitre propriétaire des miniatures vendues, en invoquant le caractère domanial des collections publiques, exclusif de l'application de l'article 2279 du Code civil;

« Considérant qu'un jugement du tribunal civil de Lyon, du 21 janvier 1893, a rejeté cette intervention comme non justifiée, en se fondant, d'une part, sur ce que la jurisprudence reconnaissant la domanialité publique aux bibliothèques communales était contestable et ne reposait sur aucun texte précis; d'autre part, sur ce que cette jurisprudence était désormais incompatible avec la loi du 30 mars 1887.

« En fait,

« Considérant que la bibliothèque municipale de la ville de Mâcon a été régulièrement créée en 1828;

« Que, le 14 mai de cette année, elle a été inaugurée; que son règlement a été publié et un bibliothécaire nommé;

« Qu'il est donc constant qu'à partir de cette date, la ville de Mâcon a possédé une bibliothèque publique communale;

« Considérant que le manuscrit *la Cité de Dieu*, de saint Augustin, chef-d'œuvre de calligraphie et de peinture du quatorzième siècle, renfermant un nombre considérable de grandes miniatures, a été légitimement acquis par la ville, en 1835, et figure, depuis cette époque, sur le catalogue de sa bibliothèque;

« Considérant qu'à une date ultérieure, vraisemblablement vers 1850, les deux volumes composant ce manuscrit ont été l'objet d'une véritable mutilation. (8 miniatures sur 11 ont été enlevées dans le tome Ier et 1 sur 12 dans le tome II);

« Considérant que le tribunal constate avec raison que les trois miniatures qui font l'objet de la revendication actuelle ont été frauduleusement détachées, à ce moment, du manuscrit par un tiers resté inconnu;

« Que cette assertion, successivement admise par les tribunaux de Mâcon et de Lyon, n'a jamais été sérieusement contestée, ni par la ville de Lyon, ni par Bonnin lui-même, qui reconnait que, suivant toute vraisemblance, le manuscrit était intact au moment de l'acquisition qu'en a faite la ville en 1835;

« Considérant d'ailleurs que la preuve juridique résulte à cet égard :

« 1° Des termes de la mention d'acquisition de 1835;

« 2° Du texte du catalogue dressé cette même année;

« 3° De l'examen du manuscrit fait en 1842 par l'envoyé du ministère de l'instruction publique, chargé de rechercher les livres rares et précieux;

« 4° De la lettre écrite, en 1841, par Maillard de Chambure, inspecteur des monuments historiques;

« 5° Et enfin de celle du vice-président de la commission des Musées de la ville de Lyon, du 1er juillet 1889;

« Considérant en effet que les trois premiers de ces documents renferment une description de l'ouvrage qui, bien que sommaire, a dû nécessiter l'examen attentif d'hommes du métier;

« Que, cependant, il n'est fait mention, dans aucun d'eux, d'une lacune ou mutilation quelconque;

« Considérant que la lettre de Maillard de Chambure, après avoir décrit l'ensemble du manuscrit, dit textuellement : « Chaque livre de « l'ouvrage est précédé d'une miniature à pleine « page, où le talent de l'artiste semble avoir « épuisé toutes ses ressources »;

« Que les mêmes expressions se rencontrent

dans la lettre du vice-président de la Commission des Musées de Lyon : « Les parties ou chapitres « de l'ouvrage étaient précédés d'une miniature « en frontispice tenant toute la page in-folio »;

« Que les souvenirs de ce dernier témoin sont même tellement précis qu'il désigne, avant de les avoir relus, les textes des légendes qui étaient gravés dans sa mémoire : « L'impression avait « été si vive que, lorsque les miniatures liti- « gieuses me furent montrées, je les reconnus « et les désignai par leur titre avant d'avoir lu « les légendes »;

« Considérant qu'il résulte manifestement des termes des deux lettres ci-dessus qu'aux dates, auxquelles elles se réfèrent, le manuscrit *la Cité de Dieu*, a été l'objet de la part de leurs auteurs d'un examen détaillé et même minu- tieux;

« Qu'il en faut dès lors conclure non seulement qu'une mutilation aussi grave que celle qui est signalée n'aurait pu passer inaperçue, mais qu'elles prouvent jusqu'à l'évidence que le ma- nuscrit était à ce moment dans un état d'inté- grité parfaite;

« Considérant que la preuve étant ainsi établie, tout au moins par présomptions précises, graves et concordantes, que les miniatures revendiquées ont été détachées du manuscrit *la Cité de Dieu* de saint Augustin, appartenant à la biblio- thèque municipale de la ville de Mâcon, à une époque postérieure à l'acquisition de 1835, il reste à déterminer, en droit, le caractère juri- dique des bibliothèques publiques et à en faire l'application dans l'espèce.

« En droit :

« Considérant que l'énumération des dépendances du domaine public faite par les articles 538 et 540 du Code civil n'est point limitative, mais seulement énonciative;

« Qu'elle doit être complétée par un critérium, cherché dans un caractère commun à toutes les choses énumérées par la loi;

« Considérant que ce caractère distinctif de la domanialité publique réside dans l'affectation d'une chose à l'usage direct, immédiat du public;

« Que cette règle dérive de l'idée même de la propriété privée, telle qu'elle est formulée dans l'article 544 du Code civil et vérifiée, éclairée par les articles 538 et 540 du même Code, les dispositions de la loi des 22 novembre — 1er décembre 1790 et les travaux préparatoires relatifs à ces textes.

« Qu'elle s'applique à la fois aux choses immobilières et aux choses mobilières se rattachant au domaine de l'État, des départements ou des communes, qui présentent ce caractère d'être affectées à l'usage public, et, par suite, non susceptibles de propriété privée;

« Considérant que l'inaliénabilité des objets mobiliers communaux affectés à l'usage public est consacrée, d'une manière générale, par les articles 46 de la loi du 18 juillet 1837 et 110 de la loi du 5 avril 1884, et spécialement pour les bibliothèques par l'article 40 de l'ordonnance du 22 février 1839;

« Considérant que le domaine public étant inaliénable et imprescriptible, les objets mobiliers qui en font partie ne donnent point lieu à la prescription instantanée de l'article 2279 et peuvent être l'objet d'une revendication perpétuelle ;

« Que l'application de ces principes aux collections communales, admise par la plupart des auteurs, consacrée par la jurisprudence et justifiée par une saine application des textes, a, contrairement à l'assertion du tribunal, constitué à bon droit le régime juridique des bibliothèques et musées communaux antérieurement à la loi du 30 mars 1887 ;

« Considérant que la loi du 30 mars 1887 sur la conservation des monuments et objets d'art ayant un intérêt historique ou artistique n'a apporté aucune modification aux principes exposés ci-dessus et à leur application aux collections publiques communales ;

« Que l'interprétation donnée à cette loi par les premiers juges est en contradiction manifeste avec son sens et sa portée ;

« Qu'on ne rencontre, ni dans son texte, ni dans le décret du 3 mars 1889 portant règlement d'administration publique pour son exécution, aucune disposition visant expressément ou tacitement les collections publiques ;

« Qu'en outre, son but incontesté étant d'augmenter les garanties de conservation du mobilier artistique et historique du pays, elle aboutirait, au contraire, avec l'interprétation des premiers juges, à enlever aux communes la protection qu'elles trouvaient jusqu'ici dans le principe de la domanialité et son application ; d'où il suit que le résultat de la loi serait en contradiction flagrante avec son objet ;

« Considérant que le tribunal s'est mépris

encore sur le caractère exact de la loi nouvelle;

« Qu'elle est une loi de protection des choses du patrimoine de l'État, des communes et des établissements publics, présentant un intérêt historique ou artistique, abstraction faite de leur affectation, et non une loi de domanialité publique;

« Que la protection dont se prévaut la ville de Mâcon a son fondement dans des règles étrangères à la limitation apportée au droit de propriété des objets présentant un intérêt historique ou artistique, objet exact de la loi de 1887;

« Qu'après, comme avant cette loi, ces règles demeurent vivantes et incontestées; que cela est si vrai que le rapporteur au Sénat de la loi de 1887 a pris soin de s'en expliquer formellement dans son rapport, où il est dit : « La juris-« prudence créée par la cour de Paris (affaire « des carrières de Saint-Denis) et par la cour « de Lyon (affaire de l'église de Nantua) n'est « pas touchée »;

« Qu'il est donc certain que la jurisprudence antérieure n'a été ni interprétée, ni abrogée, comme le prétend le tribunal;

« Considérant enfin que la théorie contraire, si elle était adoptée, aboutirait à cette double conséquence, également désastreuse, de faciliter le pillage des collections publiques et de faire passer, à bref délai, en des mains étrangères, une partie importante des richesses artistiques du pays;

« En ce qui touche la situation particulière de Bonnin :

« Considérant que Bonnin paraît avoir complètement et constamment ignoré les vices de sa possession ;

« Qu'il a découvert, acheté et payé de ses deniers les miniatures revendiquées ;

« Qu'il les a conservées et sauvegardées, alors qu'elles étaient chaque jour exposées à être lacérées, détruites ou pillées ;

« Qu'il les a, en outre, possédées publiquement et avec bonne foi, ce que prouvent notamment les offres de restitution qu'il en a faites à la ville de Mâcon ;

« Considérant que Bonnin allègue que, dans de pareilles conditions, la ville de Mâcon devrait tout au moins l'indemniser de ses peines, démarches, soins et déboursés, mais qu'il n'a pris en ce sens aucune conclusion régulière ;

« Que la Cour ne peut donc, à cet égard, que lui donner acte de ses réserves ;

« En ce qui touche les conclusions incidentes prises par Bonnin ;

« Considérant que la ville de Lyon a été régulièrement autorisée à soutenir son appel dans les délais légaux ;

« Qu'en fût-il autrement, d'ailleurs, l'appel formé par la ville de Mâcon avait régulièrement saisi la Cour de tous débats sur le fond ;

« Par ces motifs :

« La Cour, après avoir ouï aux audiences publiques des 6, 7, 14 juin dernier, les avoués et avocats des parties, en leurs conclusions et plaidoiries, M. l'Avocat général, en ses conclusions, et après avoir aussi délibéré ;

« Reçoit, comme régulier en la forme, tant l'appel émis par la ville de Mâcon, que celui formé par la ville de Lyon envers le jugement du tribunal civil de Lyon, du 21 janvier 1893;

« Au fond : dit qu'il a été mal jugé, bien et avec griefs appelé; infirme en conséquence et met à néant le jugement entrepris;

« Et, statuant à nouveau, dit que l'intervention de la ville de Mâcon est régulière et bien fondée;

« Dit que la demande formée par Bonnin contre la ville de Lyon est nulle et de nul effet, comme ne reposant sur aucun fondement légitime;

« Dit que la ville de Mâcon est reconnue seule propriétaire des trois miniatures litigieuses qui font partie de son domaine public communal et que la ville de Lyon est condamnée à les lui restituer;

« Donne acte à la ville de Lyon de sa déclaration qu'elle s'en rapporte à justice sur le mérite de l'appel interjeté par la ville de Mâcon et, sous le bénéfice de cette déclaration et de la restitution des miniatures revendiquées, la met hors d'instance sans dépens :

« Donne acte à Bonnin de ses réserves au sujet de tout droit à une indemnité ultérieure;

« Rejette comme mal fondées et non justifiées toutes autres demandes, fins et conclusions des parties, condamne Bonnin en tous les dépens de première instance et d'appel, y compris ceux de l'intervention de la ville de Mâcon; ordonne la restitution de l'amende, etc. »

Cette décision, contre laquelle un pourvoi en cassation a été formé, a été maintenue par la Cour suprême dans l'arrêt qui suit, rendu à la date du 17 juin 1896.

« La Cour,

« Sur le moyen tiré de la violation ou fausse application des articles 538 et suivants, 2279 du Code civil, 10, 11, 13 de la loi du 30 mars 1887, 110 de la loi du 5 avril 1884, 40 de l'ordonnance du 22 février 1839 et 7 de la loi du 20 avril 1810;

« Attendu qu'il est établi, en fait, que les miniatures revendiquées par la ville de Mâcon ont été détachées du manuscrit *la Cité de Dieu*, de saint Augustin, appartenant à la bibliothèque municipale de cette ville (1); que l'arrêt constate que cette bibliothèque a été régulièrement créée en 1828 et qu'il est certain qu'à partir de cet acte, la ville de Mâcon a possédé une bibliothèque publique communale;

« Attendu que de ce qui précède, il résulte que la bibliothèque dont il s'agit, fait partie du domaine public communal de la ville de Mâcon;

« Attendu que les livres et manuscrits qui sont la partie constitutive et essentielle d'une bibliothèque dépendant du domaine public appartiennent nécessairement à ce même domaine;

« Attendu que le domaine public étant inaliénable et imprescriptible, les objets mobiliers qui en font partie ne peuvent donner lieu à l'application de l'article 2279 du Code civil et peuvent être l'objet d'une revendication perpétuelle;

« D'où il suit que c'est avec raison que l'arrêt attaqué a admis le droit de la ville de Mâcon

---

(1) Ce manuscrit n'est point un dépôt de l'Etat; il a été acheté et payé par la ville de Mâcon.

de revendiquer, même contre un possesseur de bonne foi, les miniatures qui avaient été détachées vers 1850 du manuscrit *la Cité de Dieu*, de Saint Augustin.

« Attendu que la loi du 30 mars 1887 ne s'est point occupée des bibliothèques faisant partie du domaine public de l'État, des départements ou des communes et que ses dispositions sont sans application dans la cause; qu'en effet, cette loi accordant sa protection aux objets qui n'étaient pas suffisamment protégés, n'a pu vouloir détruire ou affaiblir la protection qui couvrait déjà une partie de la richesse artistique ou littéraire dépendant du domaine public de l'État, des départements ou des communes; — qu'en statuant, comme il l'a fait, l'arrêt attaqué n'a violé aucune des dispositions des lois invoquées à l'appui du pourvoi : — Rejette le pourvoi. » (Cour de cassation. — Ch. des Requêtes. — MM. Tanon, pt. Bernard, rap. — Melcot, av. gén. — Pérouse, av. Bernier st.)

Il résulte des différents arrêts que nous avons rapportés, notamment de l'arrêt de la Cour de cassation, que, dans toutes les circonstances et à toute époque, l'Etat, comme propriétaire, ou les villes, soit comme détentrices d'objets déposés par l'État, soit comme propriétaires, ont le droit de faire réintégrer, sans qu'il leur en coûte rien, dans les bibliothèques publiques, les objets affectés aux collections et, par conséquent, à l'usage du public, quelle que soit la manière dont ces objets sont sortis des bibliothèques. Exception est faite, bien entendu, pour les objets échangés en vertu d'une autorisation ministé-

rielle. (Voy. Ordonnance du 22 février 1839,
titre III, article 40.)

On ne saurait trop se féliciter de voir de plus
en plus assurée l'intégrité de nos collections nationales et municipales, si l'on songe à leur importance, tant au point de vue intellectuel qu'au
point de vue matériel. Depuis l'époque révolu-
tionnaire, en effet, l'Etat n'a pas déposé dans
les bibliothèques nationales et les bibliothèques
municipales moins de quinze millions de volumes
imprimés. A ces fonds s'ajoutent ceux que les
villes possédaient avant la Révolution et ceux
qu'elles ont acquis depuis, soit sur les deniers
communaux, soit par voie de dons et legs. Il ne
serait point téméraire de fixer les richesses municipales à une dizaine de millions de volumes
et l'on arrive ainsi à un total respectable de
vingt-cinq millions de volumes imprimés. Puis
viennent les manuscrits, les estampes, les médailles, etc. On voit, d'après cette simple énumération, combien sont considérables les intérêts
que défend l'arrêt du 17 juin 1896. Depuis un
certain nombre d'années, les bibliothèques, jus-
que-là négligées, ont été l'objet de la préoccu-
pation du gouvernement; le ministère de l'Instruction publique a entrepris une réorganisation
de ces établissements; les villes ont résolument
secondé ses efforts et on a déjà obtenu les
résultats les plus méritoires et les plus encou-
rageants.

Avant de clore cette étude, nous croyons devoir signaler à l'attention un point, dont l'importance ne saurait échapper. A partir de quel
moment, un livre, par exemple, entre-t-il dans le

domaine public et devient-il par conséquent inaliénable et imprescriptible?

S'il s'agit d'un livre acquis à titre onéreux par l'Etat, le ministre de l'instruction publique prend un arrêté d'achat; le livre est fourni au magasin des livres du ministère où il est enregistré sur un cahier de comptabilité-matière; il est ensuite payé; puis le ministre prend un arrêté par lequel il affecte le livre à une bibliothèque publique. Le livre est ensuite porté sorti sur le cahier de comptabilité-matière et envoyé à l'établissement destinataire. Pour un livre donné à l'Etat, les choses se passent de la même manière, avec cette différence que l'arrêté d'achat et le paiement n'ont pas lieu et sont remplacés par l'acceptation du ministre.

S'il s'agit d'un livre acquis par une ville à titre onéreux, il y a achat, paiement et remise à la bibliothèque municipale.

Enfin, pour les documents, quelle que soit leur provenance, c'est-à-dire, achetés par l'Etat ou les villes, il y a inscription au registre d'entrées de la bibliothèque affectataire, estampillage, inscription au catalogue, placement du document sur les rayons et communication au public.

Certains veulent que le livre entre dans le domaine public à partir du moment où il est acheté ou donné, car il est acquis avec l'intention d'affectation à l'usage du public.

D'autres prétendent que c'est à partir du moment où le livre est inscrit au cahier de comptabilité-matière.

Enfin, on rencontre des opinions qui fixent l'entrée du livre dans le domaine public à l'une quelconque des opérations que nous avons énumérées ci-dessus jusqu'à et y compris la mise du livre entre les mains du lecteur.

Nous penchons volontiers pour la première hypothèse, en présence des controverses ; mais, il serait bon que ce point fût tranché d'une manière irrévocable par une loi complémentaire de la loi du 30 mars 1887, dans laquelle loi complémentaire il serait indiqué que cette loi du 30 mars 1887, comme l'ont si judicieusement énoncé le second jugement de Mâcon et l'arrêt de Lyon, n'a dans l'esprit du législateur ni un caractère interprétatif, ni un caractère abrogatoire de la jurisprudence antérieure qui garantit si parfaitement l'intégrité des collections nationales et municipales.

PARIS. — L. DE SOYE ET FILS, IMPR., 18, R DES FOSSÉS-S.-JACQUES.